새신자 성장을 위한 교재

새신자를 위하여
새신자 양육을 위하여
새신자의 교회 적응을 위하여
새신자 성장을 위하여

김명규 목사 지음

도서출판 예루살렘

환영합니다

이름:

주소:

본 교회에 등록하여 믿음의 새가족이 된 것을 진심으로 환영합니다. 이 책은 처음 교회에 나오시는 분들의 신앙성장을 위한 교재입니다.

이 책을 잘 읽고 끝까지 공부하여 믿음의 성장과 생활 속에서 하나님의 풍성한 축복이 있으시길 바랍니다.

년 월 일

교회

담임목사

머리말

집을 세울 때에는 큰 집은 큰 집대로, 작은 집은 작은 집대로 그 기초(Foundation)가 중요합니다. 기초없이 집을 세울 수가 없으며, 만약 세웠다 하더라도 금방 무너지고 말 것입니다. 신앙생활은 건축과 같은데(마 11:27-27, 고전 4:10-17) 신앙의 기초는 매우 중요합니다.

신앙생활을 오래 했다는 사람들 가운데에도 신앙에 대한 기초가 없기 때문에 자주 흔들리거나 우왕좌왕하는 경우들을 많이 보게 됩니다. 그래서 어렵게 시작한 신앙이 열매를 거두지도 못한 채 무너지거나 그릇된 곳에 빠져버리는 경우들이 많이 있습니다.

일선에서 목회하는 목회자의 한 사람으로서 이를 간파하여 안타까운 마음에서 새신자를 위한 교재가 필요함을 깨달아 필요한 것만을 골라서 이 책을 출판하게 되었습니다.

신앙생활에서 방황하거나 이제 신앙생활을 시작하는 분들이 이 책을 통해서 새롭게 다짐하고 공부한다면 성숙한 그리스도인으로 성공적인 신앙생활이 되어지고 열매가 풍성하게 될 줄 믿습니다.

기왕에 신앙생활을 할 바에는 멋지고 아름답게 하여 열매가 풍성한 천국의 보배들로 성장해야 할 것입니다. 부탁의 말씀은 시간을 정해놓고 끝까지 차분하게 공부하라고 당부하고 싶습니다. 진리의 영(요 14:17)이신 주의 성령께서 도우심으로 깨닫게 하시고 아름답게 성장하게 할 줄 믿고 꾸준히 공부하십시오.

지은이 김명규 목사

목차

제1단계

나는 누구인가?
(인간존재의 의미 발견)

『창세기 1장 26-28절』

"하나님이 가라사대 우리의 형상을 따라 우리의 모양대로 우리가 사람을 만들고 그로 바다의 고기와 공중의 새와 육축과 온 땅과 땅에 기는 모든 것을 다스리게 하자 하시고 하나님이 자기 형상 곧 하나님의 형상대로 사람을 창조하시되 남자와 여자를 창조하시고 하나님이 그들에게 복을 주시며 그들에게 이르시되 생육하고 번성하여 땅에 충만하라, 땅을 정복하라, 바다의 고기와 공중의 새와 땅에 움직이는 모든 생물을 다스리라 하시니라."

인간(나)이란 존재는?

1. 하나님의 형상대로 지음받은 영적 존재입니다.

인간은 어떻게 존재하게 되었습니까? 인간의 시원(始原)에 대해서 한 번쯤은 생각하게 되고 질문하게 됩니다. 불행하게도 오늘날 세상에 알려진 대부분의 시원은 인간타락의 절정을 이루는 진화론(進化論)에 기초를 두고 있습니다. 그러나 진화론은 상상력에 의한 허구이며 사실이 아닙니다. 우주의 존재, 지구의 존재, 인간의 존재는 오직 성경에서만 그 해답을 찾을 수 있습니다.

(1) (구약) 창세기 1:27-28

(2) (구약) 창세기 2:7

(3) (신약) 데살로니가전서 5:23

2. 죄인

인간은 하나님의 형상대로 지음받아 복을 받으며 아름답고 행복하게 살아가야 될 존재입니다. 그러나 실상은 어떻습니까? 이 땅에 태어난 모든 인간은 복을 받기 보다는 오히려 괴로움과 슬픔과 질병 속에서 때를 따라 죄를 짓다가 죽게 됩니다. 왜 그럴까요? 이 모든 것은 죄로 말미암아 온 결과입니다. 그래서 인간은 모두가 죄 가운데서 살다가 결국은 죄 가운데서 죽게 됩니다.

(1) 죄란 무엇입니까?

① 하나님 말씀에 대한 불순종입니다.

(구약) 창세기 2:16-17, 3:1-7

② 하나님을 믿지 않는 것이 죄입니다.

(신약) 요한복음 16:9

③ 죄는 불법입니다.

(신약) 요한일서 3:4

④ 죄는 악을 행하는 자체입니다.

(신약) 로마서 1:29

(2) 문제는 여기에 속하지 않는 사람이 없다는 것입니다.

① 모든 사람이 죄를 지은 죄인입니다.

(신약) 로마서 3:10-12

(신약) 로마서 3:23

② 죄의 결과는 무엇입니까?

국가에도 형무소가 있듯이 하나님께 죄를 지은 사람에게 지옥 형벌이 반드시 따르는데, 이것을 사망이라고 했습니다.

(신약) 로마서 6:23

(신약) 히브리서 9:27

3. 구원

위에서 배웠듯이 죄값으로 모두가 지옥형벌을 면치 못할 처지에 있게 되었으나 하나님께서는 인간에게 구원받을 수 있는 길을 마련하여 주셨습니다.

(1) 인간(내가)이 어떻게 이 엄청난 죄를 해결하고 구원받을 수 있겠습니까? 인간의 힘으로는 구원에 이를 만한 선이 없으며, 어

떤 일을 해서도 구원에 이를 수 없습니다. 마치 수렁에 빠진 사람이 움직일수록 더 빠지는 것과 같습니다. 끝내 하나님께서는 인간을 죽음에서 구원해 주시기 위해서 독생자 예수님을 이 땅에 보내셨습니다.

① 예수님이 제물되기 위해서 오셨습니다.

(신약) 마태복음 1:21

② 예수님이 대속적 죽음을 죽으셨습니다.

(신약) 베드로전서 2:24

(신약) 로마서 5:8

③ 이 사실을 믿음으로써만 구원받게 됩니다.

(신약) 에베소서 2:8

(신약) 로마서 1:17

(신약) 고린도전서 1:18

4. 믿음

믿음이 중요합니다. 왜냐하면 죄인이 구원받는 길은 오직 믿음 뿐이기 때문입니다.

믿음이란?

(1) 예수님을 나의 구세주로 인정하고 영접하는 일입니다.
(신약) 요한복음 1:12

(2) 나의 전 인격을 예수님께 맡기는 것입니다.
(구약) 시편 37:5

(3) 죄인임을 깨닫고 하나님께 내 죄를 회개하는 일입니다.
(구약) 이사야 1:18

(신약) 요한일서 1:9

(4) 믿는 자에게는 죄용서함과 함께 영생의 약속이 있습니다.
(신약) 요한복음 3:16, 5:24

(신약) 로마서 8:1-2

우리 모두 기도합시다. - 결단하며

하나님 아버지! 부족한 저에게 인간에 대해서 성경적으로 깊이 공부하며 깨달아 알게 해 주시니 감사합니다. 그릇된 인간의 지식을 제 마음 속에서 제하여 주시며 저의 죄를 용서해 주시옵소서. 이제는 저를 위하여 십자가에 죽으신 예수 그리스도를 믿는 믿음으로만 사는 인생이 되겠습니다.

예수님의 이름으로 기도합니다. - 아멘 -

제2단계

하나님의 존재
(창조주 · 절대자)

어느 대학생이 고(故) 김용기 장로님에게 와서 다음과 같이 물었습니다. “장로님! 하나님을 보셨습니까?” 이 때에 김용기 장로님은 그 학생에게 “보았노라.”고 대답하였고 학생은 “그러면 저에게도 보여 주십시오.”라고 말하였습니다. 장로님은 모월모시에 하나님을 보여주기로 약속했고, 학생은 친구들 몇 명을 불러서 같이 왔습니다. “장로님! 하나님을 보여주십시오.” 그러자 장로님은 학생에게 물었습니다. “학생은 누굴 닮았는가?” “예! 다른 사람들은 저를 향해서 저 애는 자기 아버지를 꼭 빼 닮았어라고 합니다." "그래! 그러면 학생 아버지는 누굴 닮았는가?" "할아버지를 닮았겠지요." "할아버지는……"

계속적으로 조상을 거슬러 올라가게 되었는데 학생은 말이 궁해지자 "누군가를 닮았겠지요."라고 말하였습니다.

그러자 장로님은 이렇게 말했습니다. "학생은 모르는가? 세상에는 이 문제에 대해서 확실히 말한 것이 없네. 이에 대해서 확실히 말한 것은 오직 성경 뿐일세. 창세기 1장 27절에 하나님께서 하나님의 형상대로 인간을 창조하셨다고 하셨지 않은가?"

"내 속에는 하나님이 계시기 때문에 믿음의 눈으로 나는 언제나 하나님을 뵈옵네."라고 하였습니다.

1. 어리석은 무신론자들

"신은 죽었다."라고 자신있게 외친 사람이 있었습니다. 기독교의 하나님은 '약한 자의 발명품'이라는 것입니다. 그 철학자는 '니체'입니다. 어떻게 생각하십니까? 과연 하나님은 인간들의 상상과 관념이 만들어 낸 허상에 불과한 것일까요? 결코 그렇지 않습니다. 성경은 이에 대해 분명히 말하고 있습니다. '하나님이 없다' 하는 자는 '어리석은 인간'이라는 것을 말입니다.

(구약) 시편 14:1

2. 하나님의 존재를 어떻게 알 수 있을까요?

어느 공과대학의 4학년생이 목사님에게 "하나님은 존재치 않는다." 라고 이론을 내세워 강력하게 주장하였습니다. 다 듣고난 목사님은 조용히 물어 보았습니다.

"학생은 진정 모든 것을 다 알고 있다고 생각하는가?"

"조금 압니다."

"그래, 그러면 약 10%쯤 아는가?"

"아니요. 1/100도 모릅니다."

"그래, 그러면 그대가 모르는 99% 속에 하나님의 존재가 계시지 않겠는가?"

학생은 하나님이 존재하지 않는지 그것도 모른다고 하였습니다. 그러나 하나님은 인간의 지식과 이해를 넘어선 분이십니다.

(1) 우주 만물의 위대함과 질서, 생명의 신비를 통해서 하나님을 알 수 있습니다.

(구약) 시편 19:1

---

(2) 성경 말씀을 통해서 알 수 있게 하셨습니다.

(구약) 출애굽기 3:14

---

(3) 인간에게 있는 양심의 소리는 하나님이 계심을 확실하게 반영하기 때문에 양심의 소리를 통해 하나님을 찾을 수 있습니다.

(신약) 베드로전서 3:21

(4) 이미 믿는 성도들의 하나님을 만나 본 경험의 고백을 통해서, 간증에서 알 수 있게 하셨습니다.
(신약) 요한일서 3:1

3. 하나님은 어떤 분이실까요?

이 세상의 모든 종교는 인간들이 나름대로 자기들의 생활을 보다 높은 곳으로 이끌어 올리려는 시도 즉, 신(神)을 탐구하는 일반적인 인간의 노력에서 시작되었습니다. 다시 말해, 철저하게 인간 편에서 시작된 것입니다. 그러나 기독교는 인간의 어떤 노력이나 경험에 의해서 하나님을 알게 되는 것이 아닙니다. 은밀한 가운데 계신 하나님께서 인간을 향해서 자신을 나타내 보이셨는데 이것을 계시종교(啓示宗教)라고 합니다. 하나님께서는 죄 가운데 있는 인간을 향해서 내려오셨고 계시하셨습니다. 이것이 기독교입니다.

(1) 하나님은 창조주이십니다.
(구약) 창세기 1:1

(구약) 이사야 40:26

(2) 하나님은 오직 한 분이십니다.
(구약) 신명기 4:39

(신약) 고린도전서 8:4

(3) 하나님은 영원하신 분이십니다.
(신약) 히브리서 13:8

(4) 하나님은 무한하신 분이십니다. 그래서 시간과 공간을 초월하셔서 어디에나 계신 분이십니다.
(구약) 시편 139:7-8

(5) 하나님은 완전하신 분이시며, 사람이 만든 세상의 신과는 다른 분이십니다.
(신약) 마태복음 10:29-31

(구약) 시편 115:4-8

4. '당신'에게 있어 하나님은 어떤 분이십니까?

하나님이 어떤 속성을 가지고 계시기 보다는 하나님이 오늘 당신에게 어떤 분이신가 하는 것이 더 중요합니다. 하나님과의 깊은 교제를 위해서는 하나님을 당신의 생의 전체로 고백해야 하기 때문입니다.

당신은 오늘 이 시간 하나님께 이렇게 고백할 수 있습니다.

(1) 나를 하나님의 형상대로 창조하신 분이십니다.
(구약) 창세기 1:27

(2) 나를 주관하시고 언제든지 인도하시는 하나님이십니다.
(구약) 이사야 58:11

(3) 나는 하나님의 것입니다.

(구약) 이사야 43:1-3

5. 성도들이 하나님께 해야 할 일이 있습니다.

어떤 것들이 있는지 생각해 봅시다.

(1) 신령과 진정으로 예배하는 일입니다.
(신약) 요한복음 4:23-24

(2) 마음을 다하고 성품을 다하고 힘을 다해서 하나님을 사랑하는 일입니다.
(구약) 신명기 6:5

(3) 하나님의 말씀을 지키고, 자녀들에게 부지런히 가르치고, 약속하신 축복을 받으며 사는 일입니다.
(구약) 신명기 6:1

제3단계

예수 그리스도는?
(우리 주 예수)

영국 델햄지방에 탄광이 무너져 164명의 광부들이 생매장을 당한 적이 있었습니다. 당시 사고 현장에서 시체를 발굴하던 중 시체와 함께 글이 씌어 있는 판자가 발견되었습니다.

"주님은 우리와 같이 계신다. 우리는 대단히 유쾌한 기도회를 가졌다. 모든 사람은 영원한 영광을 위해 준비되었다. 화요일 오후 2시!"

그들은 부활과 영생을 믿고 죽음을 맞이하였던 것이었습니다.

1. 예수 그리스도는 누구십니까?

“예수 그리스도는 나의 구세주이시며, 그 분을 믿음으로 영생을 얻게 되었습니다.” 이 말은 기독교 진리의 핵심을 표현한 말입니다. 영생은 믿음의 결과이고, 그 믿음의 내용은 예수 그리스도입니다. 따라서 예수 그리스도를 아는 것이란 기독교의 핵심진리를 파악하는 일입니다.

‘예수’ (Jesus)라는 이름의 뜻은 무엇입니까?

(1) 예수 그리스도는 참 하나님이십니다.

① 처녀의 몸에서 성령으로 잉태되어 오셨습니다.

(신약) 마태복음 1:18

② 그 분은 참 하나님이십니다.

(신약) 요한일서 5:20

(2) 예수 그리스도는 참 사람이십니다.

① 여자의 몸을 빌어 이 땅에 오셨습니다.

(신약) 갈라디아서 4:4

② 사람들과 같이 지혜와 키가 성장하셨습니다.

(신약) 누가복음 2:52

③ 우리 인생들과 같은 인생의 모습을 나타내 보이셨습니다.
(신약) 마태복음 4:2

(신약) 마태복음 8:24

(신약) 요한복음 11:35

(신약) 요한복음 19:28

2. 예수 그리스도께서 이 땅에 오신 목적은 무엇입니까?

(1) 우리(나)의 죄를 속량하시고 구원하시려 오셨습니다.
(신약) 마태복음 1:21

(2) 영원한 생명을 주시기 위해서 오셨습니다.
(신약) 요한복음 3:16

3. 예수 그리스도께서 하신 최대의 일은 무엇입니까?

예수님께서는 이 땅에서 수 많은 일들을 하셨습니다. 그 가운데 몇 가지 예를 들면, 진리의 교훈을 가르치셨고 많은 기적과 기사를 행하셨으며 세상 사람들이 생각하는 것처럼 예수님은 참으로 좋으신 분으로서 의를 이루셨습니다. 그러나 그것들은 겉에 나타난 것 뿐이고 진정한 핵심은 다른 데 있습니다.

(1) 예수님은 우리(나) 죄를 위해서 십자가에서 피흘려 죽으셨습니다.
(구약) 이사야 53:5

(2) 예수님은 죽으실 뿐 아니라 생명의 부활을 하셨습니다.
(신약) 마태복음 28:5-6

(신약) 고린도전서 15:4-5

(3) 예수님은 부활 후 40일 만에 하늘로 승천하셨습니다.
(신약) 사도행전 1:11

(4) 예수님은 다시 이 땅에 재림하시게 됩니다.
(신약) 사도행전 1:10-11

(신약) 히브리서 9:28

제4단계

교회란 무엇인가?

(주님의 몸)

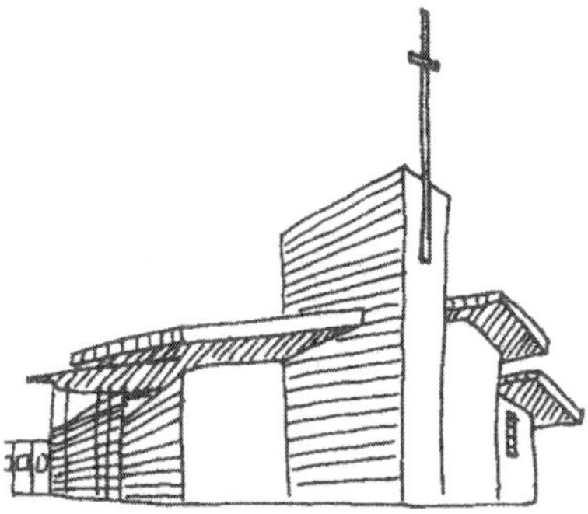

어느 날 어떤 부인이 스펄전 목사님에게 찾아와서 말했습니다. "목사님, 완전한 교회가 있으면 저에게 소개해 주십시오. 그러면 그 교회에 가고 싶습니다." 그러자 목사님은 다음과 같이 대답했습니다. "자매님 이 세상에는 완전한 교회가 없습니다." 목사님은 계속해서 엄숙한 어조로 말했습니다. "자매님! 혹시 완전한 교회를 만나거든 자매님은 그 교회의 회원이 되지 마십시오. 왜냐하면 자매님 때문에 그 교회의 완전함이 깨어질 것이기 때문입니다."

1. 교회의 참된 뜻을 바로 알아야 합니다.

교회는 예수님께서 친히 세우신 기관으로, 예수 그리스도의 몸이요, 하나님의 뜻을 성취하기 위하여 세워진 은혜와 축복의 보급소입니다. 우리는 교회를 통하여 하나님께 예배를 드리고 주의 가르침을 받으며 신앙생활을 하고 있습니다. 그러므로 우리는 주의 몸된 교회를 사랑하며 바른 교회관을 가져야 하겠습니다.

(1) 교회는 보이는 건물이 아니라, 예수님을 믿고 거듭난 사람들의 모임입니다. 교회의 건물은 예배당, 혹은 예배드리는 장소일 뿐, 그것 자체가 참 교회는 아닙니다. 하나님께 부르심을 받아 성령으로 거듭나서 모인 단체, 그 모임이 교회입니다.
(신약) 고린도전서 3:16

(2) 교회는 예수 그리스도의 몸입니다.
(신약) 에베소서 1:22-23

(3) 교회는 누가 세웠을까요?
(신약) 마태복음 16:18

(4) 교회(신약교회)의 시작은 언제였을까요?

예수님이 승천하신 후 제자들을 중심으로 한 예수님을 따르던 무리들이 모여서 기도하다가 성령받게 되었는데, 신약교회는 이 때부터 시작되었습니다.

(신약) 사도행전 1:14-15

2. 교회의 기능

교회가 이 땅에 세워진 목적은 하나님의 은혜의 복음을 전파하여 영혼을 구원하고 사랑을 실천하며, 천국의 실체를 이 땅에 나타내는 데 있습니다. 교회가 해야 할 일이 무엇인지를 다각도로 살펴보고 우리 교회에 적용하도록 해 봅시다.

(1) 하나님께 예배드리는 생활입니다.

(신약) 요한복음 4:24

(2) 하나님 말씀으로 교육적인 일을 해야 합니다.

(신약) 마태복음 9:35

(3) 전도해야 합니다. (이는 복음을 전하는 일입니다.)

(신약) 마태복음 28:19

(4) 구원받은 성도들의 교제가 이루어져야 합니다.
(신약) 사도행전 2:42

(5) 이웃들에게 봉사해야 합니다.
(신약) 마태복음 10:42

3. 구원받은 성도에게는 의무가 있습니다.

(1) 교회의 전통을 따르고 교회가 정한 규범을 따라야 합니다.

(2) 교회가 정한 공집회에 잘 참석해야 합니다.
(신약) 사도행전 2:46

(3) 교회가 하는 일에 적극적으로 협조하며 도와야 합니다.
(신약) 베드로전서 4:10-11

제5단계

예배 생활
(하나님과의 교통)

어느 날 미국의 루즈벨트 대통령이 출석하는 워싱턴교회 목사 사무실에 전화벨이 울렸습니다. "대통령께서 오늘 교회에 나올 것으로 기대합니까?" 목사님은 대답했습니다. "저는 그것을 약속할 수 없습니다. 그러나 우리 하나님께서는 그가 교회에 나오기를 기대하신다고 믿습니다."라고 하였습니다.

1. 예배(worship)란 무엇입니까?

예배란 살아계신 하나님 아버지와 그의 자녀인 성도들의 교제이며 하나님의 자녀들이 마음과 뜻과 힘과 성품을 다하여 하나님께 영광을 돌리는 행동입니다. "하나님의 위대하심과 하나님의 사랑과 예수님의 크고 놀라우신 은혜에 감격하여 영광을 돌리며 내 몸을 그 분께 드리는 것이 예배입니다." 그러므로 예배는 가장 엄숙하고 진실한 마음으로 드려야 합니다.

예배의 뜻

(1) 엎드린다는 뜻이 있습니다.
(구약) 역대하 29:29-30

(2) 경배한다는 뜻이 있습니다.
(신약) 마태복음 2:11

2. 우리가 예배드려야 하는 대상은 누구입니까?

(1) 오직 하나님만이 예배의 대상이십니다.
(구약) 출애굽기 20:3

(구약) 신명기 6:13

3. 예배를 위한 바른 태도는 무엇입니까?

예배는 우리 마음의 중심이 하나님을 향하도록 하며 거룩하고 진실되게 드려야 합니다. 예배 시간에는 말씀을 경청하며 집중된 자세를 나타내야 합니다. 마음 속에 세상의 잡다한 생각을 가지고 드리는 예배는 하나님께서 기뻐하지 아니하십니다. 하나님께서는 마음의 중심이 하나님만을 향하여 참된 예배를 드리는 사람의 예배를 받으시고, 그에게 응답하시며 축복하십니다.

(1) 신령과 진정으로 드려야 합니다.
(신약) 요한복음 4:24

(2) 몸을 드려야 합니다.
(신약) 로마서 12:1

(3) 감사함으로 드려야 합니다.
(구약) 시편 100:4

(4) 믿음으로 드려야 합니다.
(신약) 히브리서 11:4

(5) 값을 다해서 드려야 합니다.
(구약) 사무엘하 24:24

4. 예배의 종류들은 어떤 것이 있습니까?

(1) 대표적으로 '주일낮예배'가 있습니다.
매 주일 낮 일정한 시간을 정하여(대개 11시) 교회에 모여서 드리는 예배입니다. 옛날 구약에는 안식일이었는데(출애굽기 20:8) 신약에 와서는 변화되어 예수님께서 십자가에 죽으시고 삼일만에 부활하신 날에 모였습니다. 이 날이 곧 오늘날의 주일입니다.

(2) '주일밤예배'가 있습니다.
매 주일 밤에 시간을 정하여 드리게 되는 예배로서 찬양을 중심한 예배이기에 '찬양예배'라고 부르기도 합니다(사도행전 20:7-8). 오늘날 오후 2-3시에 예배드리는 곳도 있습니다. 주일밤예배는 구약의 저녁소제(출애굽기 29:39, 열왕기상 18:29,36, 시편 141:2, 다니엘 9:21)와 신약에도 초대교회의 저녁예배(사도행전 20:7-8)에서 유래된 것을 한국 교회가 독특하게 유지 발전시켜 온 것입니다.

(3) '삼일밤예배(기도회)'가 있습니다.
수요일 밤에 모여서 기도를 중심으로 드리는 예배지만 흔히 '예배'라 하지 않고 '기도회'라 부릅니다. 애써 성경에서 근원을 찾는다면 아브라함이 이삭을 드리러 가던 삼일 길(창세기 22:4)이나, 시내산으로 십계명을 받으러 올라 간 모세에게 하신 말씀 중 삼일(출애굽기 19:11, 15-16) 등에서 찾은 것이라고 말할 수 있습니다.

(4) '구역예배'가 있습니다.
매주 금요일에 예수님이 십자가에서 죽으신 날을 기념하며 예배를 드리는데, 지역으로 구분하여 가정에서 이웃을 초청하여 성경도 배우고 전도잔치를 하는 것이 특징입니다.

이 밖에도 새벽기도회, 심야기도회, 철야기도회, 부흥회 등의 특별예배가 있습니다.

5. 예배드리기 전에 준수해야 할 일들이 있습니다.

1) 예배시간보다 먼저 와서 준비해야 합니다.

2) 예배 자세나 태도는 언제나 경건하고 엄숙해야 합니다.

3) 되도록 앞자리에 앉는 것이 좋습니다.

4) 주보에 나와 있는 성경이나 찬송, 지난 주에 들은 설교에도 관심을 가져야 합니다.

5) 아이들을 동반하는 것은 매우 좋은 일입니다. 그러나 예배에 지장을 초래한다면 따로 마련된 유아실에서 드리는 것이 덕을 세우는 일에 유익합니다.

제6단계

기도하는 생활
(영적인 호흡)

어느 농촌 교회의 목사님이 성도의 가정에 심방을 가게 되었습니다. 농사짓는 할머니는 심방오신 목사님을 대접하기 위하여 감자를 쪄서 내왔습니다. 목사님이 할머니에게 기도를 시키자 할머니는 "목사님 저는요 기도 못해요."라고 말했습니다. 목사님은 할머니에게 "진실된 한마디라도 해보세요. 그러면 하나님께서 들으십니다."하고 말했습니다. 그러자 할머니는 마지 못해서 이렇게 기도를 드렸다고 합니다.

"하나님, 내 죄를 감자껍질처럼 벗겨 주세요."

1. 기도란 무엇입니까?

(1) 기도는 영적인 대화입니다.

기독교의 기도는 다른 종교의 기도와는 다르게 인격적인 하나님과의 대화입니다. 기도는 외로운 독백이 아니라 다정한 옆 친구나 부모님께 말하듯 하는 영적인 대화입니다.

(구약) 이사야 58:9

(2) 기도는 영적인 호흡과 같습니다.

우리의 육체는 호흡하지 않고는 살 수가 없습니다. 무의식중에 호흡하듯, 기도생활은 자동화되어야 합니다. 영적인 호흡이 없다면 살아있는 신앙이라고 할 수 없습니다.

(신약) 데살로니가전서 5:17

(3) 기도는 영적인 무기와 같습니다.

악한 영과의 싸움에서 기도는 대단한 위력이 있습니다. '천로역정'의 저자 '존 번연'은 기도에 대해서 다음과 같이 말하였습니다. "기도는 영혼의 방패요, 사탄을 향한 채찍이다."

(신약) 에베소서 6:11, 18

2. 왜 기도해야 합니까?

우리가 기도해야 할 이유는 다음과 같습니다.

(1) 기도를 통해 하나님께 영광을 돌리기 위함입니다.
(신약) 요한복음 14:13

(2) 기도하게 될 때에 기도 속에는 회개가 들어 있고, 회개할 때에 죄사함을 받게 됩니다.
(신약) 요한일서 1:8-9

(3) 기도를 통해서 하나님의 뜻에 순종하게 됩니다.
기도하게 될 때에 하나님의 뜻에 순종하는 힘이 생깁니다. 예수님은 겟세마네 동산에서 기도하실 때에 순종의 본보기가 되셨습니다.
(신약) 마태복음 26:39

3. 기도는 어떻게 해야 합니까? (기도의 방법)

(1) 예수님의 이름으로 해야 합니다.
(신약) 요한복음 14:14

(2) 믿음으로 기도해야 합니다.

(신약) 마가복음 1:6

(신약) 마태복음 21:22

(3) 하나님의 뜻대로 기도해야 합니다.

(신약) 요한일서 5:14

(4) 죄를 고백하면서 기도해야 합니다.

(신약) 요한일서 1:9

4. 기도의 내용이 중요합니다.

(1) 찬송이 있어야 합니다.

찬송은 기도에 들어가는 첫번째 문과 같습니다. 찬송은 하나님의 이름을 부르는 일입니다.

(2) 감사가 있어야 합니다.

감사는 지금까지 받은 은혜와 축복을 생각하는 것입니다.

(신약) 빌립보서 4:6

(3) 죄를 자백하는 것입니다.

기도 속에는 회개가 있어야 합니다. 구약에서 하나님께 나아가기 위해서는 먼저 물로 손을 씻어야 하였는데, 이는 곧 회개할 때에 기도가 응답된다는 것을 말씀하심입니다. 참된 기도는 죄를 자백하는 상한 마음에서 나오게 됩니다.

(신약) 야고보서 5:16, (구약) 시편 51:17

(4) 간구입니다.

어린 아이가 부모에게 강하게 요청하듯 기도하는 것입니다.

(신약) 마태복음 7:7-8

(5) 중보입니다.

중보란 나 외에 다른 사람을 위해서 기도하는 것을 말합니다. 예수의 이름으로 기도해야 할 대상들이 많음을 깨달아 기도해야 하겠습니다.

(신약) 마태복음 5:44

5. 하나님은 기도에 응답하십니다.

(1) 하나님의 뜻에 합당할 때에 응답하십니다.
(신약) 요한일서 5:14-15

(2) 반대로 하나님의 뜻에 합당하지 아니할 때에는 응답하시지 않습니다. 이것은 잘못 구하는 것이기 때문인데, 아이에게 위험한 것을 주는 것과 마찬가지이기 때문입니다.
(구약) 욥기 35:13

(3) 기다리고 인내해야 할 때가 있습니다.
(구약) 시편 40:1

그러므로 당장에 기도가 응답되지 않는다고 불평하거나 의심하지 말고 열심히 기도해야 할 것입니다.

제7단계

하나님의 말씀인 성경
(영적인 양식)

성경을 읽는 것은 꼭 꿀벌들이 꿀을 모으는 일과 같습니다. 이 나무 저 나무, 이 꽃 저 꽃으로 옮겨 다니면서 쉬지도 않고 꿀을 모아 가지고 자기 통으로 들어가 꿀을 봉하면서 겨울동안의 안식을 위하여 준비하듯이, 영원한 세계를 위하여 말씀에서 신령한 꿀을 모으는 것이 교인들이 세상에서 해야 할 마땅한 일입니다.

1. 성경이란 어떤 책입니까?

성경은 약 1600년 간 40여 명의 기록자가 하나님의 말씀을 사람들에게 전한 책인데, 구약이 약 1500년, 신약이 약 100여 년에 걸쳐서 기록되었습니다. 성경에는 없는 것이 없지만 성경이 기록된 목적은 교양이나 일반적인 학문을 위해서가 아니고, 죄 값으로 지옥 형벌을 받아야 하는 인간들에게 구원에 관한 지식을 가르치기 위해 기록한 것입니다.

(1) 성경은 하나님의 말씀입니다.
성경은 사람의 사상이 아닌 하나님의 말씀입니다.
(신약) 디모데후서 3:16

(2) 성경은 영적 양식입니다.
영적인 성장을 위해서는 반드시 성경을 읽어야 합니다.
(신약) 마태복음 4:4

(3) 성경은 영적인 무기입니다.
그래서 악의 세력과 싸우기 위해서는 성경으로 무장해야 합니다.
(신약) 에베소서 6:17

(4) 성경은 영적인 이정표와 같습니다.

성경은 밝은 빛과 같기 때문에 어두운 세상에서 그리스도인들의 참된 삶의 방향을 제시해 주는 책입니다.

(구약) 시편 119:105

(5) 성경은 사람을 구원에 이르게 하는 책입니다.

세상의 어떤 책도 인간이 구원에 이르는 길을 제시하지 못하였습니다.

(신약) 디모데후서 3:15

(6) 성경은 살아있는 생명의 말씀입니다.

그래서 경직되든지 옛날 이야기가 아니라 현실적으로 살아 있는 말씀입니다.

(신약) 히브리서 4:12

(7) 성경은 역사하는 힘이 있습니다.

그래서 완악한 것을 파괴하고 더러운 것을 태우는 능력이 있습니다.

(구약) 예레미야 23:29

2. 성경을 효과적으로 공부하기 위해서는 몇 가지를 기억해야 합니다.

(1) 성경 말씀을 부지런히 들어야 합니다.
우리의 믿음은 성경을 들을 때에 성장되기 때문입니다.
(신약) 로마서 10:17

(2) 성경 말씀을 매일같이 읽어야 합니다.
부지런히, 기도하는 마음으로, 그리고 분명한 믿음을 가지고 읽어야 합니다.
(신약) 요한계시록 1:3

(3) 성경 말씀을 심층있게 연구하고 묵상해야 합니다.
'수박 겉 핥기' 식이 아니라 깊이 읽고 들어야 합니다.
사도행전 17:11

3. 성경의 구성은 다음과 같습니다.

(1) 구약을 분류하면 다음과 같습니다. (39권)
가. 율법서(모세5경): 창세기, 출애굽기, 레위기, 민수기,

신명기. (5권)

나. 역사서 : 여호수아, 사사기, 룻기, 사무엘 상·하, 열왕기 상·하, 역대 상·하, 에스라, 느헤미야, 에스더. (12권)

다. 시가서 : 욥기, 시편, 잠언, 전도서, 아가. (5권)

라. 대선지서(예언서) : 이사야, 예레미야, 예레미야애가, 에스겔, 다니엘. (5권)

마. 소선지서(예언서) : 호세아, 요엘, 아모스, 오바댜, 요나, 미가, 나훔, 하박국, 스바냐, 학개, 스가랴, 말라기. (12권)

(2) 신약을 분류하면 다음과 같습니다.

가. 4복음서 : 마태복음, 마가복음, 누가복음, 요한복음. (4권)

나. 역사서 : 사도행전. (1권)

다. 서신서(바울서신) : 로마서, 고린도전·후서, 갈라디아서, 에베소서, 빌립보서, 골로새서, 데살로니가전·후, 디모데전·후서, 디도서, 빌레몬서. (13권)

라. 다른 사도의 서신서(공동서신) : 히브리서, 야고보서, 베드로전·후서, 요한 1·2·3서, 유다서. (8권)

마. 예언서 : 요한계시록. (1권)

크게 분류한다면 이렇게 한다는 것입니다. 예컨대, 역사서나 선지서 속에 교리나 서신서들이 있을 수 있습니다. 왜냐하면 성경은 모두 하나님의 말씀이요, 그 짝이 있기 때문입니다(이사야 34:16).

제8단계

전도하는 생활
(지상 명령)

어느 목사님이 새로 신자가 된 청년에게 질문하였습니다. "청년은 몇 명이나 예수께로 전도하였습니까?"

"저는 새로 왔기 때문에 아직 아무도 전도하지 못했습니다."

"당신은 초가 절반 쯤 타버려야 빛을 발한다고 생각합니까? 아닙니다. 초에 불이 붙기만 하여도 빛을 발하지요."

그제서야 이 청년은 비로서 목사님 말씀의 뜻이 무엇인줄 알게 되었습니다.

"모든 족속으로 제자를 삼으라."(마 28:19-20)는 주님의 말씀은 모든 교회와 그리스도의 제자된 모든 성도들에게 맡기신 최대의 과업이요, 지상명령입니다. 그래서 해도 되고 안해도 되는 선택이 아니라, 반드시 해야 하는 것입니다.

1. 전도란 무엇입니까?

(1) 예수께서 우리(나)의 죄를 위하여 이 땅에 오셨다는 것을 전파하는 기쁜 소식(Good News)입니다.
(신약) 마가복음 1:15

(2) 가르치는 것입니다.
(신약) 사도행전 20:20

(3) 예수님에 대한 증인이 되는 생활입니다.
(신약) 사도행전 1:8

(4) 예수님의 제자화시키는 일입니다.
(신약) 마태복음 28:19

(5) 교회에 데려오면 1차적으로 성공한 것입니다.
(신약) 요한복음 1:46

2. 왜 전도해야 합니까?

(1) 예수님의 명령이기 때문입니다.
(신약) 사도행전 1:8

(2) 생명을 건지는 성도의 의무이기 때문입니다.
(신약) 고린도전서 9:16

(3) 하나님을 영화롭게 하기 위해서입니다.
(신약) 요한복음 15:8

3. 누가 전도할 수 있을까요? (자격)

(1) 믿음에 확실하게 서 있는 사람이어야 합니다.
소경이 소경을 인도할 수 없듯이 거듭나서 예수님을 믿는 확신이 있을 때에 확실한 전도자가 될 수 있습니다.
(신약) 마태복음 15:14

⑵ 열심히 기도하는 사람입니다.

하나님의 능력을 의지하고 겸손하게 기도하며, 그의 능력을 힘입어 복음을 전하려 할 때에 성령의 역사로 생명을 구하게 됩니다. 초대교회 성도들은 기도와 말씀, 전도에 힘썼습니다.

(신약) 사도행전 2:42

(신약) 사도행전 4:31

⑶ 성경말씀을 준비해야 합니다.

전도자는 자신의 경험이나 말보다는 하나님 말씀을 앞세워야 합니다. 여기에 하나님의 능력이 나타나기 때문입니다.

(신약) 고린도전서 1:18-21

⑷ 성령의 충만을 받은 사람이어야 합니다.

성령의 능력이 아니면 전도할 수 없기 때문에 성령을 받으라 하셨습니다.

(신약) 사도행전 1:4-5

하나님은 나를 통해서 구원받을 사람이 많다고 하십니다.

제9단계

그리스도인의 교회생활
(성도의 기본생활)

신앙에는 반드시 그 생활이 따라야 합니다. "신앙은 좋은데 생활은 엉망이다."라는 말은 성립하지 않습니다. 하나님을 모시고 그의 자녀로 새롭게 출발한 사람에게는 구원의 확신과 함께 구체적인 삶의 변화가 뒤따라야 합니다.

물론, 하루 아침에 완전히 달라지는 완전성화(完全聖火)는 아니고, 점진적으로 달라지는 점진적인 성화이기 때문에 완벽해지는 것은 어렵다 하더라도 신앙생활의 유일한 기준이 되는 성경에 기초하여 예배생활을 비롯한 교회생활과 일반적인 사회생활에서 경건되게 발전하는 생활은 중요한 것입니다.

이제 당신은 우리 주 예수 그리스도를 믿음으로 하나님의 자녀로서 구원의 확신을 가지고 변화된 생애를 살게 되었고, 하나님을 찬양하며 영광돌리는 것이 삶의 목적이 되었습니다. 그렇다면 이제부터 더욱 교회생활에 있어서나 공동체의 한 사람으로서 협조하고 함께 해야 하는 일이 무엇인가를 깨달아 삶으로 옮겨야 하는 것입니다.

1. 그리스도인으로서 기본적으로 해야 할 것들이 있습니다.

(1) 주기도문과 사도신경, 십계명을 암기해야 합니다.

(2) 언제나 기도하되 교회와 목회자를 위해서 기도해야 합니다.

(3) 애경사나 갑작스런 일이 있을 때 신속하게 교회에 연락해야 합니다.

(4) 피치못할 사정으로 주일성수를 못했을 때에는 교회나 구역에 연락해서 함께 기도할 수 있도록 해야 합니다.

(5) 교회에서 가정을 심방할 때에는 기쁜 마음으로 영접하여 은혜스럽게 예배드려야 합니다.

(6) 전화번호나 주소가 변경되는 경우나 이사했을 경우에는 구역이나 교회 사무실에 변동사항을 알려야 합니다.

2. 주일성수는 이렇게 해야 합니다.

주일은 하나님께서 제정해 주신 날이기 때문에 거룩한 날로 지켜야 합니다. 그리고 이 날은 예수님이 부활하신 날이기도 합니다. 주일은 구원받은 성도라면 마땅히 지켜야 하는 날이며, 주일에는 기쁘고 감사한 마음으로 예배에 전념해야 합니다.

3. 예배시 설교를 듣는 방법

설교는 목사님이 하나님 말씀을 쉽게 풀어서 우리의 영적 양식으로 주시는 일이기 때문에 설교를 들을 때에는 사사롭게 비판하거나 판단해서는 안되고, 하나님이 지금 내게 말씀하시는 것으로 생각하고 "아멘" 하면서 들어야 합니다. 여기에서 깨달음과 믿음이 생기게 되고 성령충만한 삶이 나오게 되는 것입니다.

4. 내가 출석하는 교회에 대해서 바르게 알고 있어야 합니다.

(1) 담임 목사님의 이름이나 생년월일을 비롯하여 교회 부교역자들을 알아야 합니다.

(2) 교회 중직자들이 어느 분인지 알아야 합니다.
장로, 권사 및 소속된 구역과 기관장을 알아야 합니다.

(3) 교회의 교파가 어디인지를 알아야 합니다.
그래야 이단에 말려들지 않게 됩니다.

(4) 예배와 기도회, 성경공부 같은 모임이 언제인지 알아서 참석해야 합니다.

5. 성도는 헌금생활에 밝아야 합니다.

(1) 하나님께 드리는 헌금의 의미는 다음과 같습니다.

① 하나님께 드리는 것이며 하늘에 쌓는 보물입니다.
(신약) 마태복음 6:20

---

② 하나님께 받은 것을 다시 드리는 것입니다.
(신약) 마태복음 22:21

---

③ 하나님께 받은 은혜에 대한 감사의 표시입니다.
(구약) 신명기 16:15

---

(2) 따라서 헌금은 바른자세로 드려야 합니다.
기쁨과 감사 속에서 인색함이나 억지로가 아닌 자원하는 신앙으로 드려야 합니다.
(신약) 고린도후서 9:6-7

---

(3) 헌금에는 복이 약속되어 있습니다.

① 하나님의 사랑을 받게 됩니다.
(신약) 고린도후서 9:7

② 넘치도록 부어 주십니다.
(구약) 잠언 3:9-10

③ 쌓을 곳이 없도록 하늘문이 열리게 합니다.
(구약) 말라기 3:10

6. 신앙성장의 비결

(1) 하나님을 중심한 생활입니다.
(신약) 로마서 14:8

(2) 하나님 말씀을 읽고 묵상하는 생활입니다.
(이는 영적 양식입니다)
(신약) 마태복음 4:4

(3) 쉬지말고 기도하는 생활입니다.
(이는 영적 호흡입니다)
(신약) 골로새서 4:2

(4) 그리스도인들과의 사랑의 교제입니다.
(이는 영적 가족입니다)
(신약) 사도행전 2:46-47

(5) 전도하며 봉사하며 영적인 일에 힘써야 합니다.
(이는 영적 운동입니다)
(신약) 고린도전서 15:58

(6) 나보다 먼저 믿고 축복받은 사람들의 간증을 들어 봅시다.

제10단계

기독교 용어들을 숙지하는 생활

교회에서 사용하는 중요한 용어들이 있습니다. 몇가지 예를 들어 보겠습니다

1) 계시(Revelation) : 그 뜻은 '감추어진 것을 열어서 보여준다'는 뜻으로써 성경말씀 자체가 하나님이 인간들에게 주신 계시입니다.
(신약) 요한계시록 1:1

2) 메시야: '기름부음을 받은 자'란 뜻으로써 구약성경에서 시대시대마다 예수 그리스도를 약속하신 말씀을 보게 되는데 예수님 자신을 일컫는 말입니다.
(신약) 요한복음 1:41

(신약) 요한복음 4:25

---

3) 보혜사: 성령을 말씀하실 때에 별칭으로써 예수님께서 승천하시기 전에 말씀하신 약속입니다. 보혜사란 말은 Paracletos(파라클레토스)란 헬라어인데, 그 뜻은 '의사, 선생님, 변호사' 등 '돕는 자'란 뜻입니다.
(신약) 요한복음 14:16, 26

(신약) 요한복음 16:7

---

4) 알파와 오메가: 헬라어 철자의 맨 처음과 나중으로 영원하신 예수님을 말씀하실 때에 사용하셨던 말씀입니다.
(신약) 요한계시록 1:8, 21:6, 22:13

(신약) 요한계시록 21:6

---

5) 아멘: 일반적인 의미는 '그렇게 되옵소서', '참으로', '진실로' 입니다. 이것이 그리스도 교회에도 그대로 답습되어 기도, 송영

의 마지막에 쓰는 예배용어가 되었습니다.
(구약) 신명기 27:15-26

(구약) 시편 106:48

---

6) 부활: '죽은 자가 다시 살아나는 것', 즉 다시 죽는 일이 없이 썩지 않는 몸으로 다시 사는 것을 가리키며, 특히 그리스도의 부활과 관련되어 있습니다.
요한복음 11:24-26

(신약) 데살로니가전서 4:14,16

---

7) 인자: 이는 예수 그리스도를 가리키는 것으로 예수는 이 용어를 지상적 사명과 관련해서 언급할 때도 있지만 구속주와 심판주로서의 궁극적인 승리를 표현하려고 할 때 사용하였습니다.
(신약) 마태복음 16:27

---

8) 임마누엘: 이는 '하나님이 우리와 함께 계시다' 라는 뜻입니다.
(신약) 마태복음 1:23

---

9) 재림: 부활의 주인이신 예수 그리스도께서 구원을 완성하기 위해 마지막 날에 지상에 다시 오시는 일로 재림은 갑자기 임하며 그 시기는 아무도 모르고 오직 하나님만이 아십니다.

(신약) 마태복음 24:36-37

10) **중보자**: 하나님과 사람 사이에서 잃었던 관계를 회복시키시고 화해를 가져오는 분으로 오직 중보자는 예수 그리스도 뿐입니다.
(신약) 디모데전서 2:5

11) **중생**: 새 생명의 원리를 인간 속에 심어주고 영혼의 주도적 성향을 성화시키는 하나님의 행위, 인간의 죄의 속성을 변화시키고 믿음으로 하나님께 반응하게 되는 하나님의 사역입니다.
(신약) 디도서 3:5

12) **할렐루야**: 이는 하나님을 찬양하라는 말입니다. 시 106편, 11-113, 117, 135, 146-150편에는 서두에, 그리고 104-106, 113, 115-117, 135, 146-150편에는 끝에 사용되었습니다.

13) **십계명**: 모세가 시내산에서 하나님으로부터 받은 열 가지의 계명으로 율법의 기본이고 하나님과 이웃에 대한 기독교의 근본도덕을 규정한 것입니다.
(구약) 출애굽기 20:3-17, (신명기 5:7-21)

14) 여호와 닛시: '여호와는 나의 깃발이다' 라는 뜻으로써 승리를

상징한 말씀입니다.
(구약) 출애굽기 17:15

15) 여호와 이레: '여호와가 예비하실 것이다' 라는 뜻입니다.
(구약) 창세기 22:14

16) 호산나: '구하옵나니 이제 구원하소서' 라는 뜻입니다.
(구약) 시편 118:25

(신약) 마태복음 21:9,15

17) 회개: 하나님께 죄를 지은 것을 깨닫고 돌이키는 것으로 구원의 필수 조건입니다.
(신약) 마가복음 1:15

(신약) 누가복음 13:3,5

18) 심판: 세상의 종말에 그리스도가 세상에 재림하여 선악간에 판단하시는 것입니다.
(신약) 마태복음 16:27

(신약) 요한계시록 20:12-13

19) **천국**: 하나님의 통치가 미치는 영역으로 예수 그리스도를 믿는 사람들이 들어가는 곳입니다.
(신약) 요한복음 14:6

---

20) **지옥**: 구원받지 못한 사람들이 가게되는 천벌의 장소로 하나님과의 교통이 단절된 곳입니다.
(신약) 마태복음 18:8-9

---

21) **교리**: 종교적 체험의 이론적인 부분들을 총칭하는 용어로 이성적으로 이해된 믿음을 신앙 공동체가 옹호함으로써 신앙에 대한 주요한 통찰을 개념화하는 것을 말합니다.

---

22) **시험**: 어떤 사람 및 일의 성질, 능력, 의향정도 등에 관하여 알아보는 것으로 악을 저지르게 하기 위하여 유혹하는 사탄의 시험이 있고 복주시기 위한 하나님의 시험이 있습니다.
(신약) 마태복음 4:3

(구약) 창세기 22:16-17

---

23) **축복**: 하나님이 충성된 사람들에게 주시는 물질적, 영적인번영을 말합니다.
(구약) 신명기 28:2

---

24) 저주: 재앙이 타인에게 임하기를 바라는 마음의 표현입니다.

25) 찬송: 기독교의 교리를 담거나 개인의 경건한 신앙생활의 내용을 노래 형태로 표현한 것으로 성도가 마땅히 해야할 일입니다.
(구약) 이사야 43:21

(구약) 시편 150:6

지은이 소개_ **김명규 목사**

충남 서천 출생
대한신학교 졸업 (안양대학)
대한신학 신학원 졸업 (안양대학대학원)
Hawaii International College 졸업
Hawaii International College 목회신학박사 취득
대한신학대학원대학교(대신총회직영) 신약학 강사
은평교회 담임목사
총회 임원
안양노회 노회장 역임
안양경찰서 경목위원장

저서_ 신약개론, 만나요약설교(1-9집)

새신자 성장을 위한 교재

개정판 1쇄 발행 2005. 2. 15.
개정판 3쇄 발행 2016. 11. 20.
지은이 김명규
펴낸이 박성숙
펴낸곳 도서출판 예루살렘
주소 (10252) 경기도 고양시 일산동구 고봉로 776-92 (설문동)
전화 | 팩스 031) 976-8972~3 | 031)976-8974
이메일 jerusalem80@naver.com
출판등록 1980년 5월 24일(제 16-75호)
ISBN 978-89-7210-268-7 03230
책값 뒤표지에 있습니다.

도서출판 예루살렘은
하나님을 사랑하며 하나님 말씀대로 순종하며 살기를 원하는
청소년, 성도, 목회자들을 문서로 섬기며
이를 위하여 기도하며 정성을 다하여
모든 사역과 책을 기획, 편집, 출판하고 있습니다.

오직 성령이 너희에게 임하시면 너희가 권능을 받고
예루살렘과 온 유대와 사마리아와 땅끝까지 이르러 내 증인이 되리라 (행 1:8)